Sanne Dufft

TINKAS TOMATEN

Urachhaus

Großpapa ist da. Tinka rennt ihm entgegen.
»Was hast du mitgebracht?«, fragt sie.
»Tomaten«, sagt Großpapa.
Tinka spickelt in seinen Korb.
»Da sind keine Tomaten«, sagt sie,
»nur schlappe Blättchen.«

»Das sind Tomatenpflänzchen«, erklärt Großpapa. »Riech einmal daran.«
Tinka steckt ihre Nase in den Korb. Stimmt. Die kleinen Pflänzchen riechen tomatig.
»Du musst dich gut um sie kümmern. Dann wachsen sie, bis sie größer sind als du. Und wenn der Sommer kommt, kannst du runde rote Tomaten ernten.«
Tinka staunt.

Zusammen mit Großpapa holt sie große Blumentöpfe aus dem Keller. Und einen Sack Erde.
Großpapa zeigt ihr, wie sie die Pflänzchen einpflanzen kann. Mit ihrer kleinen Schaufel.

»Jetzt musst du sie gießen«, sagt Großpapa.

Dann zeigt er ihr, wie man das Wasser ablaufen lassen kann, wenn man den Unterteller schräg hält. Wenn es einmal viel geregnet hat.

»Tomaten mögen keine nassen Füße.« Nein, nasse Füße mag Tinka auch nicht.

Bis die Tomaten groß sind, braucht es noch viel Sonnenschein.

Und viel Regen, viele Tage und Nächte lang.

Tinka kümmert sich um ihre Tomaten.
Sie gießt sie morgens und sieht nach,
ob es ihnen gut geht.
Sie entdeckt kleine Tauperlen
an den Spitzen der Blätter.
Zauberglitzerperlen für Tinka.

Aber heute Morgen klappt überhaupt nichts:
Das Hemdchen mit den roten Punkten
ist in der Wäsche und im Müsli
sind Rosinen.

Papa drängelt. Er will nicht zu spät zur Arbeit kommen.

Auf dem Weg zum Kindergarten fällt es ihr ein: Tinka hat vergessen, ihre Tomaten zu gießen. Und heute scheint die Sonne und es ist ganz heiß!

Im Kindergarten will sie gar nicht spielen.
Sie will nur, dass endlich Nachmittag ist
und sie nach ihren Tomaten sehen kann.

Zu Hause rennt sie ganz schnell auf den Balkon.
Die Tomaten lassen ihre Blätter hängen.
Tinka bringt Wasser.
»Bitte, bitte, nicht vertrocknen«, flüstert sie.

Und wirklich: Am nächsten Morgen
sind die Pflänzchen wieder
ganz kräftig.
Großpapa kommt zu Besuch.
Er hat lustige Stangen dabei.
»Schlingelstangen«,
nennt Tinka sie.
»Selber Schlingel«,
schmunzelt Großpapa.

Sie entdecken kleine gelbe Sterne an den Pflanzen.
Tomatenblüten.
»Aus jeder Blüte wird einmal eine Tomate«,
erklärt Großpapa.
Tinka kann es kaum glauben. »So viele!«
Und jeden Tag findet sie mehr.

Bald werden aus den ersten Blüten
kleine grüne Kügelchen.
Tinka ruft Großpapa an.
»Wir haben Tomatenbabys!«, erzählt sie.

Alle freuen sich auf die Sommerferien.
Nur Tinka nicht.
»Wer kümmert sich um meine Tomaten,
wenn wir alle weg sind?«
»Mach doch einen Plan«,
schlägt Großpapa vor.
»Jasper kann dir
dabei helfen.«

Jasper schreibt und Tinka telefoniert.
Frau Mayer von nebenan kann helfen.
Und Jonas. Der wohnt in der Wohnung obendrüber.
Großpapa bietet auch an, zu helfen.
»Zweimal kann ich kommen.«
Tinka erklärt allen genau,
wo die Gießkanne ist.
Und wie viel Wasser
die Tomaten brauchen.

BITTE
TOMATEN
GISEN!
DEINE TINKA

DENK
BITE
AN

POSTE

Aus dem Urlaub schreibt sie Postkarten.
Damit niemand ihre Tomaten vergisst.

Als sie endlich wieder zu Hause ist,
traut sie ihren Augen kaum:
An allen Pflanzen hängen runde rote Tomaten.
Kleine grüne gibt es auch noch.
Sogar ganz neue gelbe Blüten findet Tinka.

Tinka erntet. Es sind mehr, als sie tragen kann.
Jetzt gibt es jeden Tag Tomaten:
Morgens Tomatenscheiben auf dem Frühstücksbrot.
Im Kindergarten eine in die Vesperdose.
Es gibt Spaghetti mit Tomatensoße und Tomaten
auf der Pizza.

Tinka erntet mehr, als sie essen kann. Sie fragt sich,
was sie mit all den Tomaten machen soll.
Dann nimmt sie sich Papier und
eine Schere und verschwindet
in ihrem Zimmer.

Sie macht Tomatenkisten.
»Für alle Tomatenhelfer!«, strahlt sie.
Großpapa bekommt die schönste Kiste.
»Und wenn sie leer ist, kannst
du sie einfach wiederbringen«,
sagt Tinka. »Dann tu ich dir
wieder welche rein.«

Bald sind kaum noch Tomaten
an den Pflanzen, und die Blätter
werden braun und trocken.
Die letzten Tomaten wollen gar
nicht mehr rot werden.
»Ich habe sie doch immer gegossen«,
sagt Tinka zu Großpapa. »Sind sie krank?«
Sie hat einen Kloß im Hals.
Großpapa erntet die letzten Tomaten
mit Tinka.
»Wir bringen sie in die Küche.
Da ist es wärmer. Da werden sie reif.«

»Und jetzt?«, fragt sie. »Pflanzen wir jetzt
neue Tomaten?«
»Jetzt wachsen keine mehr. Bald ist es
Herbst und dann kommt der Winter.
Da ist es zu kalt für Tomaten.«

»Aber dann, im Frühling, dann pflanzen wir wieder Tomaten«, sagt Tinka.
»Und Gurken. Du magst doch Gurken, Großpapa?«